青鸟童书

和经济学做朋友

戈旭皎 著

董晓慧 绘

北京理工大学出版社
BEIJING INSTITUTE OF TECHNOLOGY PRESS

版权专有 侵权必究

图书在版编目（CIP）数据

和经济学做朋友 / 戈旭皎著 ; 董晓慧绘 . -- 北京：北京理工大学出版社 , 2023.12

（少年通识学院）

ISBN 978-7-5763-3093-9

Ⅰ . ①和… Ⅱ . ①戈… ②董… Ⅲ . ①经济学－少年读物 Ⅳ . ① F0-49

中国国家版本馆 CIP 数据核字 (2023) 第 215509 号

责任编辑：王梦春		**文案编辑**：邓 洁	
责任校对：刘亚男		**责任印制**：施胜娟	

出版发行 / 北京理工大学出版社有限责任公司
社　　址 / 北京市丰台区四合庄路 6 号
邮　　编 / 100070
电　　话 /（010）68944451（大众售后服务热线）
　　　　　（010）68912824（大众售后服务热线）
网　　址 / http://www.bitpress.com.cn

版 印 次 / 2023 年 12 月第 1 版第 1 次印刷
印　　刷 / 三河市金元印装有限公司
开　　本 / 880 mm × 1230 mm　1/16
印　　张 / 13.5
字　　数 / 144 千字
定　　价 / 199.00 元（全 4 册）

图书出现印装质量问题，请拨打售后服务热线，负责调换

引　言

相传，在这个世界的某个角落，隐藏着一所神秘的学院——少年通识学院。那是一个大师云集的地方，所有到达那里的人，都可以在学院里通过某种特殊的方式，与古今中外的大师无障碍交流。但是，鲜有人能够找到那里，只有被选中的人，才有机会前往。

爱思考的小白、学霸冬冬、顽皮的夏夏、爱美的曼曼，就是众多学生中被选中的幸运生。

今天，是他们来到这所神奇的学院学习的第500天。这会儿工夫，他们的引导人——一个黄色的小短腿机器人魁小星，兴高采烈地出现在了他们面前。

它的前来，带给他们的是更为振奋人心的消息：少年通识学院即将增设四大课程啦！

也就是说，他们在这里又可以学到更多的知识，和更多的大师对话啦！而所要增设的四大课程是什么呢？

分别是科学、经济学、哲学和美学。

好了，咱们快跟随几位少年一起，去看看少年通识学院里的这些课程吧。

准备好，他们的课程要开始喽！

人物介绍

魁小星：少年通识学院的智能机器人，课堂引导人，拥有神奇的大师召唤术。

夏夏：学院里的捣蛋鬼，受家庭影响，经济学是他学得比较好的学科。

曼曼：爱美的漂亮女生，热爱美学，性格乖巧，乐于助人。

小白：可爱的微胖女生，爱思考，爱哲学，爱打抱不平。

多多：学霸，酷爱一切高科技，偶像是普朗克、爱因斯坦等伟大的科学家。

开课典礼

同学们，你们好！本学期的经济学课程今天正式开课了！从古至今，所有的经济活动都是围绕着人类的生产、流通、分配与消费这四大方面所展开的。

追本溯源，经济学包罗万象，小到购物、理财、投资，大到公司、企业、国家的运筹帷幄，这些通通都绕不开经济学。经济学和我们的日常生活息息相关，尤其与衣、食、住、行密不可分，是我们一生受用的随身常识。学习经济学虽然不一定能让同学们获得多少财富，但可以让我们在人生关键处做出最优的选择、最佳的竞争策略，培养同学们树立正确的人生观、价值观。

在本学期的课程中，学院特别邀请了一批世界上著名的经济学家，如亚当·斯密、凯恩斯、大卫·李嘉图等为大家就经济学中的一些难题进行解惑，以深入浅出、通俗易懂的方式和语言来解读生活中的一些经济学现象以及背后的原因。

希望同学们在接下来的课程中学习到经济学相关知识，快乐学习，灵活掌握！

经济学课程表

隐藏在生活中的经济学 / 001

百变货币 / 011

摸不到的钱币 / 020

银行不单单是"藏宝库" / 029

李老师的"奶牛股票" / 038

爷爷的宝贝"金鸡" / 045

疯狂的复利效应 / 055

小小纳税人 / 064

猪肉为什么会涨价？/ 073

别被负债吓趴下！/ 080

购物时的心理小怪兽 / 087

快乐网购小达人 / 095

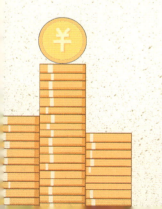
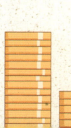

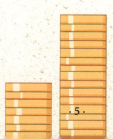

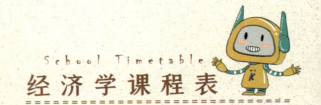

经济学课程表

可乐和牛奶里的经济学 / 103

第二杯半价的美味奶茶 / 112

总爱扎堆的店铺 / 121

压岁钱的命运 / 130

曼曼的手账本 / 139

夏夏开启地摊生意 / 148

掘金路上的好帮手 / 156

小小团队力量大 / 164

企业是棵高大的树 / 171

夏夏的第一份商业计划书 / 181

财富号的护航舰 / 190

快乐的淘金者 / 197

隐藏在生活中的经济学

今天是经济学课程开课的第一天,同学们兴高采烈地在教室里聊天。

曼曼茫然地发问:"经济学都是大人学了才有用,真搞不懂咱们小学生学这些做什么?"

夏夏立马接话:"我爸爸说了,四岁到十二岁是少儿财商启蒙的黄金阶段,我们要趁着这个关键时期好好学习。"

小白和冬冬也纷纷点头,表示赞同。

曼曼依旧疑惑地说:"我一个小孩子又不打算做生意当老板,我学那个干吗?一点儿用都没有!"

"谁说学经济学没有用?"众人转头一看,原来是魁小星,"我们原本就生活在经济社会中,每一天、每件事都与经济息息相关。"

曼曼不以为然地撇了撇嘴,拿出一大包薯片抓起就往嘴里塞,边吃边问魁小星:"你说生活中的每件事都和经济学有关,那我吃薯片这件事和经济学有什么关系?"

魁小星笑了笑,说:"首先,薯片是一种商品,你既然购买了它,那你是不是消费者?"

曼曼说:"对啊,我当然是消费者啦!"

魁小星继续说:"那么相反,商超也需要卖给你商品来达到赚钱的目的,这样的话,你们是不是在进行买卖交易?"

曼曼回答:"是啊,没错。"

魁小星接着又说:"买卖交易本身就是一种经济学,况且你已经参与其中了,你怎么能说经济学和你没有关系呢?"

曼曼后知后觉地回答:"好像说得没错啊……"

魁小星又继续说:"远不止这些呢……比如薯片这个商品,它的原料与制作的成本,产品包装设计,放在哪里卖、怎么卖,利润多少,要交多少税……这些事哪一样不是和经济学有关?"

同学们听了纷纷议论起来:"对啊,好像很有道理呀……"

"经济学和生活是息息相关的,这里面的学问大着呢!"魁小星接着说,"我们的第一节经济学课,就请著名的经济学家尤金·斯勒茨基给大家讲讲那些隐藏在生活中的经济学吧。"

百变货币

经过上节课的学习,同学们渐渐对经济学产生了兴趣,经常围在魁小星身边,探讨一些经济学问题。

这天,曼曼对大家说:"依我看,经济学就是研究钱的学问,为什么不干脆叫'钱学'?"

魁小星立马回答:"钱只是经济学研究的其中一个对象,事实上,经济学中有一个知识点就是'货币学'"。

夏夏也凑过来,一脸无所不知的表情:"对呀,爸爸和我说过,'货币学'很早就有了呢!"

魁小星看看大伙儿,笑眯眯地说:"大家可不可以告诉我,你们觉得钱究竟是什么?"

"钱是什么?"没想到这个问题把大家给问住了。

曼曼皱着眉,挠头想了半天,然后嘟嘟囔囔地说:"钱是什么?钱就是人民币吧!"

冬冬马上反驳道:"不对,照你这么说,那国外的美元、英镑、法郎都不是钱啦?"

夏夏:"冬冬说得没错!我们可以说人民币是钱,但不可以说钱就是人民币呀!"

小白说:"有道理!那可以说钱……就是纸币吗?"

冬冬说:"我觉得也不对,纸币是钱,硬币同样也是钱啊!"

曼曼突然乐了,像是想到了什么,哈哈大笑着说:"哈哈,那钱就是纸币和硬币。"

魁小星被他们逗得也笑了起来,摇晃着机械脑袋说:"哈哈!那黄金和白银既不是纸币,也不是硬币,但它们在过去都被当作钱来用。所以,曼曼,你说得还是不对。"

曼曼有些恼火地说:"这也不对,那也不对,那你们来告诉我'钱'到底是什么!"

其他几个小伙伴突然都沉默了……

魁小星似乎看出了众人心中的疑惑:"看来你们都想搞明白钱的真正含义。这样吧,我请一位老师为大家深入地讲讲吧!他就是著名的经济学教父——亚当·斯密,让他带着大家去探索钱的奥秘好啦。"

于是,魁小星带着各位同学前往多媒体展厅去上课。

摸不到的钱币

一天中午，太阳炙热无比。几个小伙伴吃过午饭在校外闲逛，因为有些口渴，他们来到一家冷饮店让夏夏请大家喝冷饮。

付钱时，夏夏掏出一百元递给老板，老板在自己的钱箱里找了半天也没有找到几张纸币，于是又把一百元还给夏夏说找不开，要不改天再把钱送过来也可以。

夏夏不好意思地接过钱，一旁的冬冬掏出手机说："让我来付吧。"说着就扫码支付了。

从冷饮店出来后，夏夏手里拿着刚才的一百元感慨道："真是有钱都花不出去，哎！"

冬冬喝了口冷饮，说："是呀，现在人们都用手机支付，花钱的机会越来越少了。"

"你说得不对！"曼曼对冬冬说，"手机支付虽然看不到钱，但也属于花钱，怎么能说花钱的机会越来越少呢？"

冬冬赶忙辩解道："我所说的'花钱'，指的是花实实在在的钱，可以看见的钱，这样的机会难道不是越来越少吗？"

曼曼点点头说："这样说倒也没错。"

小白说："上节课亚当老师不是提到我们这个时代有一种摸不着的钱吗？他指的应该是虚拟货币吧？我课后一直在想这个问题。我们用的手机支付应该就是一种虚拟货币吧？"

夏夏说:"我觉得手机支付不能算虚拟货币,因为手机支付虽然看不见钱,但它其实还是在花钱,我们必须先有真的钱,才能用手机支付。"

曼曼说:"手机支付根本就看不见钱,既然看不见又摸不着,那就是虚拟的嘛!"

二人争论了一番,谁也说服不了谁。最后小白说:"你们两个不要争了,还是回到学校求助魁小星吧。"

返校后,同学们向魁小星说明了情况。魁小星告诉大家:"我本来就打算这节课请我的好伙伴文小星,给大家讲一讲这类'看不见又摸不着的钱币'的,它可是这方面的专家哦!"

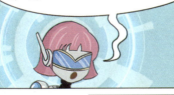

知识小拓展
名人谈钱

> 在货币流通中隐藏着一种可能性,可以用其他材料做的记号或用象征性的东西来代替金属货币执行铸币的职能。

卡尔·马克思
德国著名思想家、政治学家、哲学家、经济学家。

> 金钱是个好兵士,有了它可以使人勇气百倍。

威廉·莎士比亚
英国著名剧作家、诗人,被誉为"人类文学奥林匹斯山上的宙斯"。

银行不单单是"藏宝库"

通过一段时间的学习,同学们对经济学产生了浓厚的兴趣。从前,他们认为经济学是电视上专家口中的高谈阔论,是只有大人物才有必要掌握的知识,但是现在,小伙伴们都明白了,经济学和每一个人息息相关,生活中许多难题都可以用经济学原理去解读。

这天,几个小伙伴围在魁小星身边七嘴八舌地问:

"今天我们要学习哪些经济学知识呀?"

"今天你会让谁来给我们讲课呀?"

魁小星笑眯眯地双手环胸,一脸满意的神情:"今天,我们要学习的是关于银行的知识。"

听了魁小星的话,曼曼有些失望,她嘟囔着说:"银行不就是银行嘛,还能有什么知识?好没劲!"

魁小星听曼曼这么说,笑着问她:"既然你觉得银行的知识很浅显,那么你给大家说说,银行到底是干什么的?"

曼曼一脸不屑地说:"银行还能干吗?银行当然就是存钱的地方啊!它帮我们保管钱!"

"你的意思是,银行只是个帮你保管钱的地方,对吧?"魁小星嘿嘿一笑,继续问,"那么,为什么你把钱放到银行,它不收你的'保管费',反而还要给你钱呢?"

曼曼被问得有些蒙,自言自语道:"对啊,把钱存在银行,银行为什么不收钱,反而要给我们钱呢?奇怪!"

"是啊!"小白也露出了一副疑惑的表情。

魁小星说:"那些随处可见的银行,包含着太多你们并不了解的经济学知识,所以,今天我为你们请来了著名的经济学家凯恩斯,让他带你们了解关于银行的'秘密'。"

大家好啊，我是凯恩斯。

凯恩斯

英国经济学家，现代经济学最有影响力的经济学家之一，被后人称为"宏观经济学之父"。

老师好！

同学们，要知道，银行可不光是帮你们保管钱财的仓库哦。

想要真正认识银行，我们得从两千多年前说起。

两千多年前就有银行了吗？

好古老啊！

是的。在古罗马帝国时期，城市的神庙里聚集了来自四面八方的朝圣者。

有些朝圣者带了不少金银珠宝，他们需要把贵重物品交给值得信任的人保管，以防丢失。

那么多钱，交给谁才能放心啊？

当时，神庙中的僧侣是人们最信任的人，因此人们便把钱交给僧侣保管。

交给僧侣？

对。随着僧侣们保管的钱越来越多，他们成立了专门的机构，这便是银行的雏形。

原来最早的银行是神庙，最早的银行家是僧侣。

随着时间的推移，到了公元十六世纪，负责给人们保管钱财的人又变成了制作黄金的金匠。

知识小拓展
银行探秘

"银行者,商家之事。商不信则力不合,力不合则事不成。"

盛宣怀

清末官员,著名的政治家、企业家和慈善家,被誉为"中国实业之父""中国商父"。

"所谓利息,乃是在特定时期内,放弃周转灵活性的报酬。"

凯恩斯

英国经济学家,现代经济学最有影响的经济学家之一,被后人称为"宏观经济学之父"。

李老师的"奶牛股票"

最近,市里组织了一次小学生创作大赛,要求以文章、照片或短视频的方式,展示家乡的美。一等奖的奖品是全市所有旅游景点都可以免费参观的长期门票,这可是小白、夏夏、冬冬、曼曼他们几个梦寐以求的礼物。

为了"拿下"这项大奖,小伙伴们一起商量,决定拍摄一条反映家乡美景的航拍短视频,当作参赛的作品。可问题是,只有专业的航拍无人机才能拍摄航拍短视频,而一台这样的机器,最少也得三千元,对于小白他们来讲,这是一笔不折不扣的巨款,谁能一下子拿出这么多钱?

正当所有人都无计可施的时候,夏夏提议:"我们不可能一下子拿出三千元,我想,只有说服爸妈给我们,让他们也参与进来,才可能实现这个愿望。"

曼曼愁眉苦脸地说:"爸妈一定会觉得我们买航拍机器就是为了玩,怎么可能会给我们钱呢?"

冬冬说:"咱们可以对爸妈说,要是将来真的获了奖,可以把门票'借'给他们用,那他们肯定会同意的。"

小白说:"可万一,咱们要是没获奖呢?"

夏夏说:"如果我们真的没获奖,不是也还有航拍机器吗?咱们可以让他们每个人都享有航拍机器的使用权,都可以拿去玩,然后拍出漂亮时尚的视频,怎么样?"

众人想了想，都觉得这个办法可行，于是便分头去找父母谈判。没想到的是，所有人的谈判都很顺利，成功地让自己的爸爸妈妈都加入了进来，很快地凑够了购买航拍无人机的资金。问题解决了！

几个少年高兴地来到学校，兴致勃勃地商量起了下一步的参赛计划。正在此时，不远处突然传来了"啪啪啪"的声音，众人望去，只见魁小星一边鼓掌一边走了过来。

"没想到啊，你们都知道该怎么'招股'了，居然在无意中完成了一次股份合作，有意思，有意思。"魁小星笑嘻嘻地说道。

曼曼挠挠头说："我不太懂，什么叫股份合作，什么叫招股啊？"

魁小星说道："问得好，那不如就趁这个机会，这节课请最有影响力的古典经济学家大卫·李嘉图来给你们讲讲，什么叫'股票'，什么叫'招股'吧！"

知识小拓展

"股市名人"的至理名言

> 投资股票要向壁虎学习，遇到危险就赶紧跑！即便损失一条尾巴也没关系。

杰西·利弗莫尔
美国金融投机家，代表作品《股票大作手操盘术》。

> 投资股票要坚守两个原则：第一，严禁损失；第二，不要忘记第一条原则。

本杰明·格雷厄姆
英国证券分析师，享有"华尔街教父"的美誉。

> 买股票就像蒙着眼睛扔飞镖，谁也不可能有百分之百的把握，蒙就对了！

保罗·萨缪尔森
美国经济学家、诺贝尔经济学奖得主。

爷爷的宝贝"金鸡"

周末,小白打算出去玩,可又放心不下自己养的狗,便嘱咐爷爷记得喂狗吃东西。爷爷却笑呵呵地说:"我可能没有时间喂狗,我还有要紧事呢,我得赶紧去买基金。"

小白疑惑地问:"家里不是还有鸡精吗?不用着急买新的。"

爷爷哈哈大笑起来,一边笑一边对小白说道:"咳……我说的基金不是你说的那个'鸡精'。"

小白又问:"那您说的是什么'鸡精'啊?"

爷爷:"我说的这个基金啊,是一种投资理财。爷爷手里有一些闲钱,暂时不用……"

小白说:"那您存银行就好了啊。"

爷爷说:"银行存款的利息有点儿低,不太划算,所以我想买一些基金,如果基金能涨,那比存在银行拿利息可高多了。"

小白根据在课堂上刚学过的关于股票的知识马上意识到,爷爷说的"基金"和"股票"很像。于是便问:"爷爷,那您为什么不买股票呢?"

爷爷笑呵呵地说:"股票的涨跌幅度太大了,爷爷怕把手里那一点儿养老金给赔了。"

这时,奶奶走了过来说:"你爷爷啊,最近天天研究基金,都快着魔了。在他眼里，那玩意儿哪是基金啊，简直就成了他的宝贝'金鸡'，他还盘算着这只'金鸡'能给他下'金蛋'呢！"

小白听了奶奶的话也哈哈大笑，嘴里不停地嘀咕着："基金和金鸡。嘿嘿，真有意思！"

来到学校后，为了弄清楚基金到底是什么，小白迫不及待地拽着魁小星，向它请教。

夏夏也提议道："上一堂课讲了股票，今天也确实该讲讲基金了哦！"

魁小星见大家对基金都很有兴趣，便点头同意："那就有请经济学家阿尔弗雷德·温斯洛·琼斯，为大家讲一堂基金课吧。"

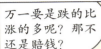

知识小拓展
大师为小朋友普及基金常识

按投资对象的不同，可分为股票基金、债券基金、混合基金等。

嗨！我是股票基金，我的优点是收益可观。

我的优势是风险低，收益稳定。

我的优势就是兼具以上两位的长处！

朱利安·罗伯逊
金融投资大师，避险基金界教父，全球知名对冲基金老虎基金管理公司创始人。

如果将基金按风险等级划分，可以分高风险、中风险和低风险。

约翰·伯格尔
美国著名经济学家、指数基金教父，美国共同基金公司领航投资创办者。

投资基金也有风险，大家需要谨慎哦。

疯狂的复利效应

这天,同学们围在一起聊天,夏夏提议给大家讲一个故事。

"故事发生在很久以前,有个国王非常贪玩,很快就把世界上所有好玩的东西都玩腻了。于是他很苦恼,便下令让大家去寻找一种永远玩不腻的游戏,找到了重重有赏。一位聪明的大臣为了讨国王的欢心,便发明了国际象棋,献给国王。国王觉得国际象棋很好玩,百玩不厌,便打算赏赐这位大臣。他问大臣:'说吧,你想要什么赏赐?我都能满足你!'大臣说:'我只想要些粮食颗粒。'国王又问:'你想要多少?'大臣说:'国际象棋的棋盘总共有六十四个格子,您只需要第一个格子上放一粒粮食,第二个格子上放两粒,第三个格子放四粒,第四个格子放八粒……照这样放下去,直到放满六十四个格子就好了。'"

曼曼说:"这个大臣倒是不贪心,国王一定可以答应他的要求。"

冬冬一听却笑笑说:"曼曼,你错了。这个大臣非常贪心,他提出的要求,恐怕这个国王满足不了。"

曼曼说:"怎么可能?不就是一些粮食吗?"

冬冬此时开口说:"这样吧,我们接着听夏夏把故事讲完,大概就知道了。"

夏夏继续开口说道:"国王和曼曼一样,都觉得大臣要得不多,他让管粮食的官员从粮仓里拿出一些粮食交给大臣。可管粮食的官员通过计算发现,即便是把全国的粮食都给大臣,都不够。"

曼曼有些惊讶:"我知道大臣要的粮食其实不少,但把整个国家的粮食都给他还不够吗?这也太离谱了!"

冬冬说:"哈哈!这个故事我也知道,它其实讲的就是关于复利的问题。如果按照大臣的要求赏赐粮食的话,计算下来,国王需要给他一百八十四兆粒粮食才行。"

夏夏也接着说:"冬冬说得没错,这就是复利效应。据专家统计,每粒粮食的质量大约是41.9毫克,那么国王一共得给这位大臣七千多亿吨粮食。他当然拿不出来那么多粮食。"

一旁的很多同学听后都很茫然,大家对于夏夏和冬冬口中的复利问题,压根儿听不懂。

魁小星听后对大伙儿说道:"你们讨论的这个问题,它既是一个数学问题,也是一个关于复利的经济学问题。下面我邀请一位既是数学家、也是经济学家的美国学者欧文·费雪来解开你们心中的疑惑吧。"

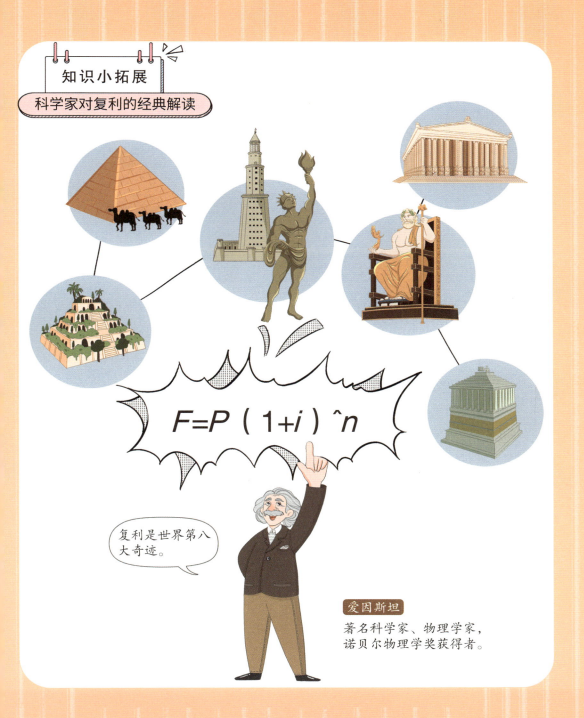

小小纳税人

这天晚上，曼曼在家看电视。只听见一旁的妈妈问爸爸："这个月你的店收入怎么样？"

爸爸说："营业额还是老样子，但是最近国家有税收方面的优惠政策，可以少缴一些个人所得税，所以最后到手的收入比前几个月多一些。"

妈妈说："国家这几年给减了不少税呢，真是不错。"

爸爸也附和道："谁说不是呢！"

一旁的曼曼听了爸爸妈妈的对话，很是不解，问爸爸："什么是个人所得税啊？"

爸爸看着曼曼，笑眯眯地回答道："它是税收的一种，是国家对个人取得的工资奖金、劳务报酬等所得依法征收的税。"

爸爸刚说完，妈妈便补充了一句："也就是自己挣了钱之后，要上缴一部分给国家。"

曼曼表示很不解："自己挣的钱，为什么要上缴呢？"

爸爸说："因为公民有缴税的义务啊！"

曼曼接着问："公民为什么有缴税的义务？"

爸爸、妈妈没有想到曼曼会打破砂锅问到底，他们也不知道该怎么回答才能让她明白……

第二天，曼曼来到学校后就迫不及待地对魁小星说："今天的课程能不能讲一讲关于收税的经济学知识，我特别想了解一下。"

魁小星拍了拍脑门，说："好嘛！你们现在都学会'点播'了！"

"魁小星最好啦！昨晚我爸妈在讲家庭收入时，提到了个人所得税，我不是太懂，所以想了解一下关于税收方面的知识嘛！"

"是呀，魁小星最好啦！最疼我们啦！就给我们讲讲吧，我们也很想了解下呢！"小白见状，也替曼曼说话。

夏夏和冬冬相互使了个眼色，表示也要帮曼曼，于是一起附和着。

魁小星拗不过大家，只好答应："好吧，税收知识也的确是我们课程中很重要的一个部分。今天就听曼曼的，让著名的经济学家阿尔弗雷德·马歇尔为大家讲一堂税收课吧。"

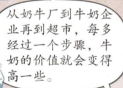

猪肉为什么会涨价？

这天，几个小伙伴在公园里玩。不远处，有一个卖烤肉串的小吃摊，烤肉的香味一阵阵飘过来，几个小伙伴的馋虫都快被勾出来了。

夏夏不停地嗅着，嘴里一直咕囔着："我爸妈从来都不让我吃街边的烤肉串，但他们不知道我是多想尝尝呀。"

小白说："夏夏，你爸妈是为了你的身体好。我看过一本书，上面说烧烤可能会产生致癌物质。其实家里的炖排骨、红烧肉也很好吃啊，何必非要在外面吃呢……"

"别提了……"说到这里，一旁的冬冬长叹一声，"我几个星期都没吃过红烧排骨了。"

大家很惊讶地问他为什么。

冬冬又叹了口气说："最近爸妈工作忙，都是奶奶在照顾我的日常起居。奶奶是个节俭的人，总说现在猪肉太贵了，所以总是买一些鸡肉和鱼肉，她说吃这些也能提供营养，等猪肉价格降下来，再多买些排骨吃。"

一旁的小白附和道："最近我妈妈也常说猪肉贵得离谱，一斤猪肉都卖到30多元了！排骨更贵！"

曼曼问："那猪肉便宜的时候是多少钱一斤？"

小白说："我两个月前和妈妈去超市，当时看见猪肉的价格是12.20元一斤，因为这个数字和我的生日12月20日一模一样,所以当时印象很深,没想到这才两个月,猪肉的价格翻了一倍还要多!"

夏夏一直没有说话,因为他心里在思考一个问题——猪肉的价格为什么会涨?将来可能降价吗?如何用经济学的观点去解释这一现象呢?

思索了一阵子,他一拍大腿说:"关于猪肉价格的问题,我想一定是个经济学问题……"

众人经夏夏提醒才意识到"猪肉涨价"其实是一个经济学现象,于是到了学校后,围着魁小星问东问西。

魁小星对大家说:"你们能把生活中的小事和经济学联系起来,证明你们这段时间的学习是很有效果的。为了给你们解释猪肉为什么会涨价,也就是经济学里的'商品价格为什么会有波动',我决定请出全世界最著名的经济学家,你们见过的亚当·斯密老师,为你们上一课。"

知识小拓展
关于价格"战"

亚当·斯密
哲学家、作家,经济学的主要创立者,被誉为"古典经济学之父"及"现代经济学之父"。

> 当某种商品的价格足够高时,便有更多人来生产这种商品,它的价格也会因此逐渐降低。

大卫·李嘉图
古典经济学理论的完成者、最有影响力的古典经济学家。

> 让人们做他们最擅长的事情,便可以降低生产成本,提供物美价廉的商品和服务。

别被负债吓趴下！

这天，夏夏愁眉苦脸地来到几个小伙伴面前，也不说话。

冬冬疑惑地问："平时就数你话最多，今天怎么耷拉个脸？是发生什么事情了吗？"

曼曼说："就是就是！今天这是怎么了？"

夏夏没精打采的，随后长叹一声，向他们说道："我觉得我可能要无家可归了……"

三个小伙伴听后都瞪大了眼睛，一脸不可思议地问道："无家可归？怎么会呢？"

小白问道："你爸爸那么有钱，你怎么可能无家可归？"

夏夏苦涩地摇摇头说："我爸爸表面上是公司的老总，但实际上，他负债累累。"

见众人似乎不太相信，夏夏又说："今天我爸爸给同事打电话的时候，我恰巧在旁边，我亲耳听见他对同事说'目前咱们公司的负债有几千万，大家一定要打起精神来工作，容不得半点儿闪失……'后面他再说什么，我就没听清了。几千万啊……"

听了夏夏的话，大家的下巴都快惊掉了。

"负债几千万！怎么会欠这么多钱？"小伙伴们互相谈论着……

夏夏捂着脑袋说:"没想到我竟然是个'负二代',负数的负,这种感觉太难受了!"

几个小伙伴沉默了,一时间不知该怎么安慰夏夏。过了一会儿,冬冬似乎想起了什么:"我们不如去找魁小星,他可以召唤出那么多厉害的经济学家,一定可以帮你爸爸想出好办法。"

"这是个好主意!"夏夏一下子跳了起来。

在众人的召唤下,魁小星出现了,不过它看起来一点儿都不"同情"夏夏,甚至一脸抑制不住的笑容。

大伙儿没好气地看向魁小星,觉得它在幸灾乐祸。

魁小星连忙解释道:"不不不,我可没有幸灾乐祸,只是我觉得你们可能还不清楚'负债'是怎么一回事,这样吧,我还是请著名的经济学家凯恩斯给你们上一节关于'负债'的课吧!"

凯恩斯
英国经济学家，现代经济学最有影响力的经济学家之一，被后人称为"宏观经济学之父"。

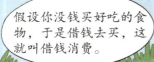

购物时的心理小怪兽

休息日,几个少年坐在公园的长椅上,个个垂头丧气,像一排被霜打了的茄子。

夏夏猛然站起身来,狠狠地打了下自己的手背说:"我怎么就管不住我这双手呢。"

其他几个小伙伴似乎深有同感,不约而同地叹了口气。原因是在这段时间大家学到了不少关于理财的知识,一致认为:不应该再乱花钱了,要从"积少成多"开始学会理财。

于是今年春节前夕,大家就相约:收到的压岁钱要攒起来,体会一把"储蓄"的滋味。可是春节已经过去好几个月了,小伙伴们不仅没存住钱,反而快把钱花光了。当初关于储蓄理财的豪言壮语,都化作了泡影。

夏夏先开口问:"你们的压岁钱都花在什么地方了?"

冬冬不好意思地说:"买书、买各种模型。"

"你家的模型都快要堆成山了!"曼曼不屑地说道。

冬冬反问曼曼:"那你呢,你的压岁钱都哪儿去了?"

曼曼理直气壮地说:"我的压岁钱虽然都花完了,但我买的东西都是很好用的文具,物有所值。"

小白问:"你怎么知道你买的东西都物有所值?都能用得上?"

曼曼理直气壮地回道:"我都是按照'购物达人倩倩'的推荐买的,能不好吗?"

曼曼说的这个人是一个在短视频平台销售各种文具的带货主播,曼曼是她的铁杆粉丝。

夏夏又转身问小白的压岁钱是怎么花的。

小白说:"我看到打折降价的东西就忍不住想买,结果买了许多没用的东西……"

夏夏叹了口气说:"我的钱都用来买游戏机了,一看到那些新款的游戏机广告,就像着了魔一样……"

这时,魁小星冒出来对大家说:"你们这样下去可不行!看来得给大家安排一节关于消费者心理的课,来治一治你们这乱花钱的毛病。"

说罢,魁小星就召唤出了著名的经济学家托尔斯坦·凡勃伦,请他来为小伙伴们上课。

知识小拓展
文学家的消费观

既会赚钱、又会花钱的人是最幸福的，因为他享受两种快乐。

塞缪尔·约翰生
英国作家、文学批评家，被誉为"18世纪英国文坛盟主"。

理性消费

对于浪费的人，金钱是圆的，可是对于节俭的人，金钱是扁平的，是可以一块块堆积起来的。

奥诺雷·德·巴尔扎克
法国小说家，被称为"现代法国小说之父"。

快乐网购小达人

曼曼上了购物心理课之后,不再迷信视频上那些购物达人的推荐乱买东西了,但她依旧热衷于网购。因为在她看来,在网上购物比去实体店购物方便太多,而且更加便宜。

而冬冬正好相反,他很少网购。因为他觉得,网购的风险很大,有时候,在网上看到的宣传图片和实际商品有很大的差别,在实体店购物则没有这样的问题,最起码可以看好了再购买。

这天,曼曼和冬冬因为"网上购物好,还是实体店购物好"这个问题争论了起来。

作为网购的坚决拥护者,曼曼说:"去实体店购物还得花很多力气去逛,太累了,在家躺在床上就可以网购,多安逸。"

冬冬不以为然地说:"网购方便?要是你收到货之后,发现不是你想象中那个样子,是不是还得退货?多麻烦!"

曼曼马上反驳:"你说的情况毕竟不多见,总不能因为走路会摔跟头,就躲在家里哪儿也不去吧?而且网购就是比实体店便宜!我就问你,这一点,你承不承认?"

冬冬点点头说:"网购有时候确实可以便宜一点儿,可是,还得等快递,特别是逢年过节的时候,好几天都到不了,等到了,有的东西也不需要了。哪有实体店里买了就走方便!"

曼曼气势汹汹地回道:"那你可以提前买啊!你自己不会规划时间,就说网购不好!"

冬冬也上火了:"你自己懒得逛街,就说实体店不好?"

正说着,魁小星突然出现了。

见到魁小星之后,曼曼迫不及待地问:"魁小星,你来得正好。你说是在网上购物好,还是在实体店购物好?"

魁小星想了想说:"网上购物和实体店购物各有各的长处,也各有各的缺点,不能说谁一定好,谁一定坏。"

夏夏立马拉着魁小星,问道:"那你能不能请个老师,给我们讲讲网购和实体店购物的特点?"

魁小星哈哈大笑,道:"这节课,不用请别的老师来讲,我自己来给你们上吧!"

众人齐声欢呼道:"好!"

知识小拓展
不同时期最想见的人

少年时期,最想见的人是朋友。

青春时期,最想见的人是远方的笔友。

工作以后,最想见的人是家里的父母。

网购时期,最想见的人是快递小哥。

可乐和牛奶里的经济学

课间,夏夏从背包里拿出一瓶可乐,"扑哧"一声拧开瓶盖,"咕咚咕咚"地喝了一大口,自言自语地说:"真好喝啊!"接着,他又从包里掏出三瓶来,递给他的好朋友们。

冬冬和小白接过后,也喝了起来。

曼曼却摆摆手说:"我就算了,妈妈不让我喝可乐。"说罢,她从自己书包里拿出一盒牛奶。

魁小星走进了教室,看到小伙伴们手中都拿着饮料,问道:"我看你们有喝牛奶的,也有喝可乐的。谁能告诉我,牛奶和可乐有什么区别?"

曼曼说:"可乐味道好,但是牛奶更有营养!"

小白说:"可乐含糖量太高,不能多喝;牛奶没有那么多糖。"

夏夏说:"可乐有气,牛奶没有!"

冬冬说:"牛奶是天然的,可乐是人工制作的!"

……

魁小星听大家都说出了自己的想法后,总结道:"你们说得都对。但是我很奇怪,你们为什么都没有注意到二者之间最明显的区别呢?"

"最明显的区别?是什么?"大家都表示很迷惑。

魁小星说:"牛奶的盒子是方的,可乐的瓶子是圆的。"

曼曼听后大笑起来："一个方盒子，一个圆瓶子，这算什么区别？商家愿意做成方的就做成方的，愿意做成圆的就是圆的喽！"

魁小星说："事实恐怕不是这样，在牛奶的方盒子和可乐的圆瓶子背后，其实蕴藏着一些非常重要的经济学原理。今天咱们的课程就从这个问题展开，让大卫·李嘉图老师来给你们讲一讲牛奶与可乐背后的'成本控制'吧。"

第二杯半价的美味奶茶

一天中午,曼曼推荐大家来一家冷饮店。她说:"这家冷饮店有一款奶茶非常好喝,就是稍微有点儿贵。"

小白说:"既然贵,那咱们就不要点了,浪费钱。"

曼曼摆摆手,赶紧对小白说:"没关系的!一个人喝有点儿贵,两个人喝的话……"

她的话还没说完,夏夏便抢着说:"两个人喝一杯饮料?那够谁喝的?曼曼,你也太抠了!"

曼曼朝夏夏翻了个白眼,说:"谁说两个人喝一杯了?我是说,这款奶茶有活动——第二杯半价!所以点两杯的话,其中一杯就可以享受优惠,平摊下来,不就便宜了嘛……"

夏夏听了说:"那还不错!"

奶茶原价是十六元一杯,四杯的正价是六十四元。由于赶上第二杯半价的优惠活动,他们点四杯奶茶只要四十八元,相当于每人只需要付十二元。

曼曼很得意地对大家说:"这样买够划算吧!"

冬冬一边喝饮料,一边琢磨着,说道:"划算是划算了,可是我总觉得这里面有套路!"

曼曼说:"买个饮料,还能有什么套路?"

夏夏喝了一大口奶茶，咂了咂嘴，说道："买的没有卖的精，商家的一切活动都是套路！"

小白问道："那你说说，究竟是什么套路？"

夏夏摇摇头，说："我暂时还没有想到，不过，我可以去问问魁小星啊！"

正说着，魁小星冒了出来："我听见你们说要问我问题，要问什么啊？"

同学们齐声说："想问问你，关于商家卖奶茶'第二杯半价'的套路啊……"

魁小星笑着说："哈哈，原来是这么回事啊！我请阿尔弗雷德·马歇尔老师，给你们揭秘一下吧。"

知识小拓展
商界的"套路"

> 同一件产品的销量是有弹性的,价格越低,销量越高;价格越高,销量越低。

阿尔弗雷德·马歇尔
近代英国著名经济学家,剑桥大学经济学教授。

> 营销就是发现并满足他的需求。

菲利普·科特勒
美国经济学教授,被誉为"现代营销学之父"。

总爱扎堆的店铺

这天,几个少年刚到学校,就开始七嘴八舌地跟魁小星抱怨起来。

夏夏说:"我家门口,一条街全都是卖衣服的,就是没有几家好吃的饭店。想吃点儿好吃的,就得让爸爸开车去曼曼家附近那条美食街。你是不知道,那条街一到吃饭的点全是人和车,找个停车位得半个小时。哎,要是美食街开在我家附近就好了!"

曼曼摇摇头说:"住在美食街附近一点儿都不好!一到晚上,空气中飘的全都是饭馆的味道……"

没等曼曼说完,夏夏就抢着说:"那多好啊,空气中弥漫着美食的味道!闻着就开心!"

曼曼没好气地说:"谁说饭馆的味道就是美食的味道?还有油烟味儿呢!我都快受不了了!我倒是希望自己家门口全都是卖衣服的,那样的话,买衣服就不用走很远了。"

夏夏说:"都是卖衣服的有什么好?一年能买几件衣服啊?"

此时,小白好像发现了什么了不起的定律,跳起来对大家说:"你们发现没有,那些店铺特别喜欢扎堆开,夏夏家小区门口全是卖衣服的,曼曼家小区门口都是饭馆,我家门口就全是修车店。"

冬冬也说:"对,我以前就发现了一个奇怪的现象,那就是:麦当劳的附近,一定会开一家肯德基。"

大家想了想,还真是这么回事儿。

曼曼特别不理解地说:"这些开店做生意的人为什么非得挤在一起抢生意?"

夏夏说:"既然做生意的都选择扎堆,那只能证明一个问题——扎堆经营对他们而言是有利的。"

小白满脸疑惑:"话虽如此,可其中的道理又是什么呢?想不通。"

此时,魁小星冒出来神秘地说:"哈哈,恭喜你们哟。"

众人不解地问:"恭喜我们什么?"

魁小星说:"恭喜你们通过自己的观察,发现了一个重要的经济学概念——自发社会秩序。"

大家有些好奇地问:"什么是'自发社会秩序'?我们什么时候发现了?"

魁小星笑着说:"这个问题,就还是让著名的经济学家弗里德里希·奥古斯特·冯·哈耶克为你们解答吧。"

知识小拓展
团结就是利益

把经验和利益结合起来，可以让人看到事情的更多真相。

弗里德里希·奥古斯特·冯·哈耶克
英国著名经济学家，1974年诺贝尔经济学奖得主。

人的本性就是追求利益。

亚当·斯密
英国经济学家、哲学家、作家，经济学的主要创立者，被誉为"古典经济学之父""现代经济学之父"。

压岁钱的命运

春节过后,同学们纷纷一夜"暴富",因为今年收到的压岁钱比往年要多。一下子有了这么多钱,要怎么处置呢?这还真是一种幸福的烦恼呢。

夏夏的压岁钱是几个小朋友中最多的,居然达到了五千一百元!他对其他几个小伙伴说:"以往我的压岁钱都是交给爸爸妈妈保管的,但是今年不同了,爸妈说:'既然你学习了这么久的经济学,相信你多多少少也懂得了一些知识,那么压岁钱就由你自己保管吧!我们不会干涉,但是,你需要把压岁钱的用途如实告诉我们。'"

小白说:"巧了,我爸妈也说要让我负责管理这笔钱!"

曼曼说:"自打上了经济学课程后,我父母就总想看看我的理财能力有没有进步,说要用压岁钱来测试我呢。"

冬冬则说:"既然大家都需要管理压岁钱,那我们得商量一下对策。"

虽然这段时间他们学习了不少关于经济学的知识,可毕竟大家没有真正实践过,现在突然有这么大一笔钱需要打理,大家心里还是有些担忧的。

夏夏想了一会儿,向大家提议道:"我觉得最保险的方法,是把压岁钱存到银行。"

小白点点头说:"没错!这是风险最低的办法。"

曼曼若有所思地说:"风险低,意味着收益也低,银行的利息太少了。如果我

们用这笔钱做一些投资,赚到更多的收益,岂不是可以证明我们这段时间的学习没有白费吗?"

冬冬问:"那你打算做什么投资呢?"

曼曼也没有具体的办法,只好摇摇头说:"我还没想好……"

此时,魁小星来到大家面前咧着一张机械大嘴说道:"既然你们都在为如何处理压岁钱而苦恼,那我们下节课就请一位经济学家和大家一起讨论一下如何管理与支配金钱吧。"

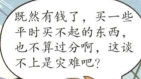

知识小拓展
压岁钱的"前世今生"

　　传说，古代有个叫"祟（suì）"的妖怪，专爱在除夕夜袭击孩子。有一次，它袭击孩子的时候，被孩子无意间放在枕边的钱币射出的金光所击退，从那以后的除夕夜，人们会在孩子身边放一些钱币，称之为"压祟钱"。又因"祟"与"岁"谐音，后来经过人们的口口相传，"压祟钱"传成了"压岁钱"。从此以后，压岁钱辟邪去魔的说法逐渐结束，演变成了长辈希望晚辈能在新一年里健康吉利、平平安安的祝愿。

　　关于"压岁钱"最早的文字记载，可以追溯到汉代。当时，人们用彩绳穿上铜钱，送给孩子。孩子晚上睡觉的时候要把这串钱放到床脚。

曼曼的手账本

最近这段时间,曼曼逐渐意识到了科学理财的重要性。为了知道自己的钱花在了什么地方、花了多少,曼曼开始学着记账。她给自己买了一个笔记本,作为专门记账的账本。

很快,小伙伴们就发现了曼曼的账本。

一天,小白拿过曼曼的账本,打开读了起来:"周六中午,吃肯德基,花费32.5元。周六下午,去游乐场玩魔法城堡,给会员卡充值100元,赠送30元,花费充值卡20元。周日中午,妈妈给零花钱50元,我没有花,存了起来,目前账户余额2350元,其中压岁钱还剩2000元。"

冬冬听了后问:"你干吗费这个功夫啊?不记账也不会少一分,记了账也不会多一分。"

曼曼说:"你说得不对!养成记账的习惯,是理财的第一步,许多理财书上都是这么写的。"

冬冬说:"理财书上写什么你都信啊?咱们不是都学了经济学吗?你得从经济学的角度理性地分析。"

小白问冬冬:"怎么理性分析?"

冬冬回道:"记账,是不是需要成本?"

曼曼一脸疑惑:"什么成本?"

冬冬说:"不说别的,买笔记本得花钱吧?这是不是成本?"

曼曼说:"笔记本又不贵……"

冬冬挠了挠头:"贵不贵它也是成本,另外,记账你得花时间与精力,这叫什么?"

夏夏抢着说:"这叫人力成本!"

冬冬赶紧点点头说:"没错,又是金钱成本,又是人力成本,可你得到了什么收益?一角的收益都没有!这意味着,你记账这件事情,是赔本的买卖!"

冬冬说得有鼻子有眼,曼曼一时间还真不好反驳,只好接着说:"不管你怎么说,我觉得记账有好处!"

魁小星走过来对大家说:"我可以很明确地告诉大家,记账的确是一种非常好的理财习惯。"

"记账明明花费了成本,却没有任何收益,有什么用呢?"冬冬有些急了。

魁小星说:"关于记账的好处,我想请一位名人来给你们讲一讲。这位名人是曾经的全球首富,白手起家创造了庞大的商业帝国,而且,他从小就有记账的习惯。他就是石油大王洛克菲勒!"

知识小拓展
爱记账的名人

"我的家族不是因为富有才记账,而是因为记账才富有。"

约翰·洛克菲勒
19世纪第一个亿万富翁,被人们称为"石油大王"。

"我记账的方式,是把账目写到日记里,所以我的日记本也是账本。"

鲁迅
著名文学家、思想家、革命家、教育家,中国现代文学的奠基人之一。

二十五日下午,至琉璃厂,购《李太白集》一部四册,两元。

夏夏开启地摊生意

自打意识到记账的好处之后,夏夏也开始学着记账了。

通过记账,夏夏发现了一个问题:要攒更多的钱,首先就要减少自己的想要支出。这段时间,夏夏也确实渐渐地控制住了乱花钱的欲望,因此,他的小金库开始有了不少结余。

夏夏心想:"原来攒钱的感觉这么好!看着自己的余额一天天增长,太有成就感了!"

可是,怎么样才能更快地积累金钱呢?夏夏觉得,光靠控制支出还不够,一定要增加收入才行。但对于一个小学生来讲,根本没有什么可以赚钱的机会。

于是,他跑去找妈妈,想通过帮助妈妈做家务来获得适当的报酬。可还没等话说完,妈妈便打断了他:"我们家夏夏长大了,懂得帮家里分担家务了。不过,现在厨房里的事情暂时不用你来做,你先去好好地看书学习吧。"

夏夏很无语,只好点点头。眼看做家务赚钱这条路走不通,夏夏又开始想其他办法。想来想去,他决定"摆地摊"卖东西来赚钱。

他的确有一些摆地摊的"有利条件"——从前花钱大手大脚惯了,一时头脑发热买了许多玩具,其中有很多买回家之后玩了一下就闲置了。于是,夏夏就把许多崭新的、甚至一些还没有打开包装的玩具都找了出来,决定通过摆地摊的方式将它们卖出去赚钱。

这是夏夏第一次尝试着做生意，完全摸不着头脑，他想找人教教自己，可是，应该找谁呢？爸爸倒是个生意场上的老手，但是，他是不会同意夏夏去摆地摊的，因为他和妈妈的看法一样，都认为学习对孩子来说才是最重要的，没必要去瞎折腾。

"找谁呢？"夏夏在心中暗暗地琢磨着，但思索了好一阵子也没想出一个合适的人选，"看来只有去求助魁小星了"。

第二天一来到学校，夏夏就将自己的想法向魁小星全盘托出。

魁小星果然没让他失望，它对夏夏说："这样吧，下节课，我请一位地摊大师来给你们上一堂'地摊经济学'吧！"

知识小拓展
"练摊"的历史名人

"全靠摆摊才撑到了当宰相。"

姜子牙
商朝末年韬略家、军事家、政治家。

"想我刘关张三兄弟,堪称"最强摆摊三人组"。"

刘备
字玄德,三国时期蜀汉开国皇帝、政治家。

张飞
字益德,三国时期蜀汉名将。

关羽
字云长,东汉末年名将。

掘金路上的好帮手

自打有了高人的指点,夏夏在摆摊时少走了很多弯路,的的确确赚到了一些钱。

起初,夏夏看到平日里闲置的玩具变成了自己账户里的余额,觉得很有成就感。但随着自己的玩具一件件被卖出去,存货越来越少,他便有了新的苦恼。

在夏夏看来,这次摆摊能赚钱好像算不上自己的本领,毕竟当初买玩具的钱都是父母给的,并不是自己的。另外,摆摊的方法是山姆老师教的,自己只不过是认真执行罢了。当然,认真执行其实也算一种本事,有这种本事,就已经比许多人强了。可夏夏还是认为:如果离开了父母和山姆老师的支持,自己不可能会成功。

有了这个想法之后,夏夏开始变得悲观起来。小伙伴见状,都来关心地问他怎么了。

夏夏没有回答他们的问题,反而自顾自地矫情起来:"各位想过没有,我们无论做什么事情,好像都离不开父母的支持。如果离开父母,我们会不会一无所有?"

曼曼首先不以为然:"怎么能这么说呢?咱们还是小孩子,当然要靠父母了。长大以后,不就可以靠自己了?"

冬冬和小白纷纷赞同曼曼说的话。

但夏夏还是开心不起来，他愁眉苦脸地继续发问："我想来想去，都觉得自己除了父母以外，没有什么资源。如果将来离开父母的帮助，怎样才能靠自己成功呢？"

面对夏夏抛出的问题，小伙伴们一时之间不知道该怎样回答，大家陷入了一阵沉默之中。

正在这时，魁小星一蹦一跳地来到大家面前，说："可以啊你们，都开始思考这样成熟的问题了。其实，在人的成长阶段，身边处处都是有益的资源……这样吧，下节课，我再请一次大卫·李嘉图老师，来帮你们分析一下身边可利用的资源吧。"

小小团队力量大

最近,学校组织了一场"校园创业大赛",要求同学们自由选择队友,组成一个创业小团队。

大家需要完成三项工作:首先,要向周围的人募捐图书或有价值的旧货;其次,在学校搭建的"集市"上,销售自己募捐到的旧货。最后,把销售所得捐给偏远地区的贫困学生,按团队捐的钱数高低来决定名次。

大伙儿有一个星期的时间进行募捐,为了收集更多的旧货,大家倾巢出动。夏夏最为卖力,不仅把自己家里闲置的旧物整理收拾出来,还积极地走亲访友,募集物品。

几天后,大家收获满满,分别把募集到的旧货全都堆放到学校指定的一个小仓库里。

小白早就提出要对募集来的物品进行清点、整理,登记入库,但夏夏和冬冬却认为,要抓紧时间再收集更多的旧货,这样才能更好地完成募捐。

直到学校的小集市马上就要"开市"了,他们才开始手忙脚乱地清点和整理物品。夏夏和冬冬总是丢三落四地帮倒忙,弄得小白和曼曼费尽心力才清点了一半的物品。

眼看来不及了,他们什么都顾不上了,急急忙忙地把旧货搬到小集市叫卖起来。

由于清点、登记工作做得不好，导致大家连自己的团队里有哪些商品，分别应该卖什么价格都没搞清楚，因此销售工作进行得十分不顺利，根本没赚到钱……

最终，在这次"校园创业大赛"中，大家没有拿到好名次。小伙伴们也因此受到了严重的打击，心情十分郁闷。

魁小星见此状况，对大家说："你们啊，积极性倒是不错，就是缺乏合理分工，忽视了团队协作的重要性。这就是输掉比赛的重要原因啊！"

几个小伙伴羞愧地面面相觑，沉默不语。

见众人不说话，魁小星接着说道："下节课，我邀请弗里德里希·奥古斯特·冯·哈耶克老师，为你们讲一讲团队的力量吧！"

企业是棵高大的树

通过上节课的学习,小伙伴们认识到了团队的重要性,后来参加学校的足球比赛时,大伙儿根据每个人的能力,组建了一支球队,这支球队的成绩越来越好,最终获得了学校足球比赛的冠军。

球赛结束后,学校决定再抽出几位有实力的选手加入这支足球队,希望可以组成一支更厉害的队伍。

同学们都自信满满,认为组建一支球队是很容易的事。

可是,事情没有他们想得那么简单。当教练提出重新选一名队长和两名副队长时,原有的队员们一致推举夏夏担任队长,却遭到其他年级的新队员反对,于是众人开始争论起来。

最终,投票解决,夏夏还是赢得了票数,再次成为队长。

可是夏夏逐渐发现,队长的活儿真是不好干。队员们不服从他的号令,训练起来也总是遇到困难。

除了场上的事难以解决之外,场外也有许多麻烦。每次训练时,球队都要准备饮用水、队服和一些训练器材,夏夏本想安排一些替补队员来做后勤工作,可大家总是不配合,使得工作无法开展。对此,夏夏时常感到苦恼。

通过当这个队长,夏夏开始逐渐理解自己的爸爸。

以前,爸爸总说自己很忙,夏夏就会想:"你是企业的领导,什么事都有下属帮你解决，有什么好忙的！"

可现在，夏夏却不这么认为了。他觉得管好一支小小的足球队都如此不易，更何况管理一个几千人的企业了，该有多么复杂啊！

魁小星得知此事后，和大家一起安慰了夏夏，并决定为大家安排一堂课："企业远比大家想象的复杂，我还是请管理学之父彼得·德鲁克来给大家上一堂讲企业的课吧。"

知识小拓展
企业那些事儿

亚当·斯密

英国经济学家、哲学家、作家,经济学的主要创立者,被誉为"古典经济学之父""现代经济学之父"。

> 随着社会的发展,许多工作靠单个人已经无法完成,于是我们需要组成企业,进行协作。

> 成功的企业会满足未被满足的需求,失败的企业会制造过剩的混乱。

凯恩斯

英国经济学家,现代经济学最有影响的经济学家之一,被后人称为"宏观经济学之父"。

夏夏的第一份商业计划书

这周末,夏夏照例带着自己的玩具来公园摆摊。很多小朋友被夏夏的玩具吸引了过来,夏夏乐开了花儿,极力地推销着自己的商品。不一会儿,玩具就卖出去不少了。

这时,耳边传来了一个熟悉的声音:"哟,生意不错呀!"

夏夏吓了一跳,因为这个声音的拥有者不是别人,正是爸爸!

爸爸看着他,亲切地摸了摸夏夏的脑袋,说:"我听你妈妈说你自己跑来公园摆摊了,所以,我就过来看看了。生意怎么样?卖出去多少玩具了?收回多少成本啦?"

夏夏嘿嘿一笑:"您是想和我核算一下成本和收益吗?这些玩具买的时候总共花了一千元多一点儿,现在卖了一千五百多元啦。"

爸爸朝他竖起了大拇指,夸赞道:"看来你的经济学课没白上,都学会做生意了!"

夏夏赶紧说:"主要是以往爸爸教育得好……"

此时,恰巧来了几位顾客,夏夏顾不上和爸爸说话,连忙做起了自己的小生意。爸爸则在一旁默不作声地观看。不一会儿,这单小生意又做成了。

之后,夏夏又陆陆续续卖出去了一些玩具。

夏夏收摊时,爸爸和他聊了起来:"你摆摊我是不反对的,毕竟,我们公司的创始人当年也是摆摊起家的，但还是那句话……"

"不要影响学习！"没等爸爸的话说完，夏夏便抢答了，"放心吧，我都是周末出来摆摊的，我这次考试还进步了呢！"

见爸爸并不反对自己摆摊，还想问自己下一步的计划。于是，夏夏灵光一闪，请求爸爸给自己投资。

爸爸想了想，说："让我投资也不是不可以，但是生意归生意，你得按照正常的投资程序来，先写一份商业计划书给我！"

这个要求可把夏夏难住了，他压根儿不知道商业计划书要怎么写。无奈之下，他只好去求助小伙伴们，让大家帮忙想想商业计划书怎么写。可是，伙伴们也很为难，大家都写不好。

正发愁之际，大救星魁小星来了："别着急，我请文小星过来，专门给你们上一节'商业计划书训练课'。"

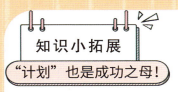

知识小拓展

"计划"也是成功之母!

凡事预则立,不预则废。

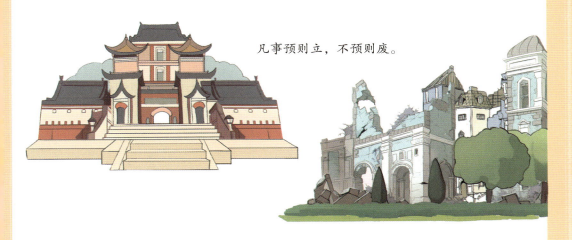

计划出行。

财富号的护航舰

这天,四个小伙伴坐在一家新开的奶茶店里,讨论着奶茶店的生意。

夏夏一边喝着奶茶,一边开口道:"如果我是老板,就继续开分店,然后把价格降低再降低。"

冬冬想了想,说:"他们家奶茶用的原料好,成本自然更高。如果降价,那就赚不到钱了。"

夏夏笑着回答他:"先降价一段时间,把其他的奶茶店都挤走,只剩下自己这一家店了,到时候就可以再提高价格……"

大家听了夏夏的话,都倒吸一口凉气:"你这个办法够缺德的!"

"这怎么能叫缺德呢?"夏夏不服气地边挠头边嘀咕,"再说了,我愿意降价就降价,愿意涨价就涨价。对了,这么简单的生意经,那些大企业怎么就没发现呢?"

第二天,大家把夏夏在奶茶店的想法告诉了魁小星,并且发问:"这么好的生意经,为什么那些大企业不用呢?"

魁小星说:"谁说大企业不用?还记得给你们上过课的石油大王洛克菲勒吗?他当年成立的标准石油公司,就是用了这一招,最终成了全世界最大的石油帝国!"

"原来我和石油大王想到一块了!"夏夏感到很兴奋。

魁小星接着又说:"可是后来嘛,它又被政府依据法律拆分成了三十四家地区性的石油公司,石油帝国就不复存在了!"

夏夏一脸震惊:"啊?为什么要拆分?"

魁小星回道:"因为它把所有同行都'挤死'的做法,违反了《反垄断法》,就被拆分喽!还有夏夏,你那种关于奶茶店经营的想法,违背了《反不正当竞争法》,是不可取的!"

伙伴们齐齐拉长声调"哦"了一声,一副原来如此的神情。他们一起朝夏夏说:"原来是违法的,亏你还得意呢!"

夏夏吓得赶紧说:"啊,这一点我是真不知道啊!"

魁小星说:"赚钱是没有错的,但是要合理合法地赚钱,让法律为自己的财富保驾护航,而不是踩着法律的禁区去获取财富。既然今天说到了这个话题,我就请经济学家爱德华·哈斯丁·张伯伦为你们上一堂关于经济法的课吧。"

快乐的淘金者

今天,是孩子们的最后一节经济学课,大家心里都觉得很不舍。

夏夏先发言:"通过这段时间的学习,我不仅学到了许多经济学知识,还对生活有了更清楚的认识。许多原先想不明白的问题,现在都可以想通了。"

其他几个小伙伴也纷纷表示深有同感。

魁小星问大家:"如果让你们用一个词语来概括经济,你们会用哪个词?"

同学们不约而同地回答:"财富。"

魁小星点点头说:"财富的生产和分配确实是经济学中重要的组成部分。在你们看来,最显而易见的财富是什么?"

小白马上回答:"这还用说?当然是钱啦。"

魁小星又问:"那你们怎么看待钱,它是好是坏呢?"

夏夏抢着说:"当然好!钱可以买很多想要的东西,帮人们解决很多问题!"这番话说出口之后,他似乎又想起了什么,接着又说,"当然……也不全是,有时候,钱也会给人带来烦恼。"

魁小星挑了挑它的机械眉:"哦?那你倒是说说看,钱给你带来了什么烦恼?"

夏夏说:"每当我想买一个比较贵的东西,需要花很多钱的时候,我就很烦恼。我会纠结,到底是满足自己的需求呢?还是把钱攒下来呢?不买东西吧,觉得遗憾,买了东西吧,又心疼钱……"

其他人听了哈哈大笑,纷纷表示自己也经常有同样的烦恼。

小白说:"当我没钱的时候,想着要是有一百元就好了,当我有了一百元,就想有一千元就好了。"

曼曼附和道:"我也是!春节的时候,我的压岁钱一共有两千元,但是听说有的小朋友收到的压岁钱更多,于是我就挺烦恼的,希望自己的压岁钱也能和他们一样多……"

随即,大家七嘴八舌地接着讨论起来。

听了大家的发言,魁小星开口:"看来大家都曾经为钱,或者说为财富而苦恼过。那我们的最后一课,就请亚当·斯密老师来给大家讲一讲,如何做一个快乐的淘金者吧。"

同学们听了很惊讶:"什么?快乐的淘金者?"

知识小拓展
小伙伴的毕业感言

我要用意志和理性控制金钱，决不能让它超速！

我将用我的价值换取财富，然后把财富用到最有意义的事物上。

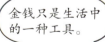

我要驯服金钱，不被金钱所伤害。

金钱只是生活中的一种工具。